Bébé Koala
Dans le bain

Ce livre appartient à...

_____

_____

_____

Directeur : Sarah Koegler-Jacquet
Direction éditoriale : Brigitte Leblanc
Responsable artistique : Solène Lavand
Responsable éditoriale : Sylvie Michel
Assistante d'édition : Élodie Gradoz
Fabrication : Anne-Laure Soyez
Mise en page : Sonia Blanchard

58, rue Jean Bleuzen – CS 70007 – 92178 Vanves CEDEX
ISBN : 978-2-01-398079-1. Dépôt légal : avril 2017 – Édition 05.
Imprimé en Espagne par Macrolibros. Achevé d'imprimer en juin 2021.
Loi n° 49-956 du 16 juillet 1949 sur les publications destinées à la jeunesse.

Nadia Berkane

Alexis Nesme

Bébé Koala
Dans le bain

Les albums Hachette

C'est l'heure du bain pour Bébé Koala. Vite ! vite ! Elle enlève ses habits dans la salle de bains.

PLOUF ! Bébé Koala fait trempette dans la baignoire… et c'est Maman qui frotte, frotte et frotte !

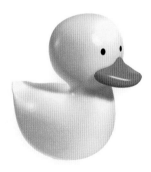

Allistair le hamster, lui, fait la grimace:

«J'me laverai pas», grogne-t-il.

Et SPLACH! Bébé Koala arrose

ce coquin d'Allistair qui glisse
dans la baignoire et disparaît
aussitôt dans la mousse du bain.

Tout à coup, les vagues
grossissent et le bain s'agite !
Bébé Koala sursaute…

Au secours ! Deux énormes yeux
l'observent à travers la mousse.
«Houh ! Je suis l'abominable monstre
des bulles !» dit ce blagueur d'Allistair.

OUF!!! Bébé Koala éclate de rire…
Elle est heureuse de retrouver
son petit compagnon, quel fripon !

Et hop ! Maman sort Bébé Koala
et son petit hamster du bain… et en
deux, trois galipettes, ils s'enroulent
dans une énorme serviette.

Bébé Koala enfile son pyjama tout chaud
car c'est bientôt l'heure d'aller au dodo.

Mais, avant, il faut bien se laver
les dents et faire un petit pipi !

Bébé Koala fait un bisou à son papa et à sa maman, en serrant son doudou tendrement… Bonne nuit, Allistair. Bonne nuit, Bébé Koala.

Retrouve tous les titres de la collection :

Bébé Koala
au parc

Bébé Koala
L'anniversaire

Bébé Koala
au restaurant

Bébé Koala
Le jardin

Bébé Koala
Le manège

Bébé Koala
À la mer

Bébé Koala
aime Papa

Bébé Koala
La varicelle

Bébé Koala
Un nouveau vélo

Bébé Koala
à la maternelle

Bébé Koala
Le cirque

Bébé Koala
fait les courses

Bébé Koala
invite une copine

Bébé Koala
fait la cuisine

Bébé Koala
mange à la cantine

Bébé Koala
n'a plus de tétine

Bébé Koala
ne veut pas dormir

Bébé Koala
joue au foot